Nubes de Tormenta

Poemas & Prosas

Santiago Calleja Arrabal

Primera edición: febrero, 2024

ISBN: 978-84-128037-5-4

Título original: Nubes de Tormenta

Autor: Santiago Calleja Arrabal

Edición: Andrés Cárdenas

Rapitbook Editorial
www.rapitbook.com

Impresión y encuadernación: Impresrapit
www.impresrapit.com

Impreso en España - ***Printed in Spain***

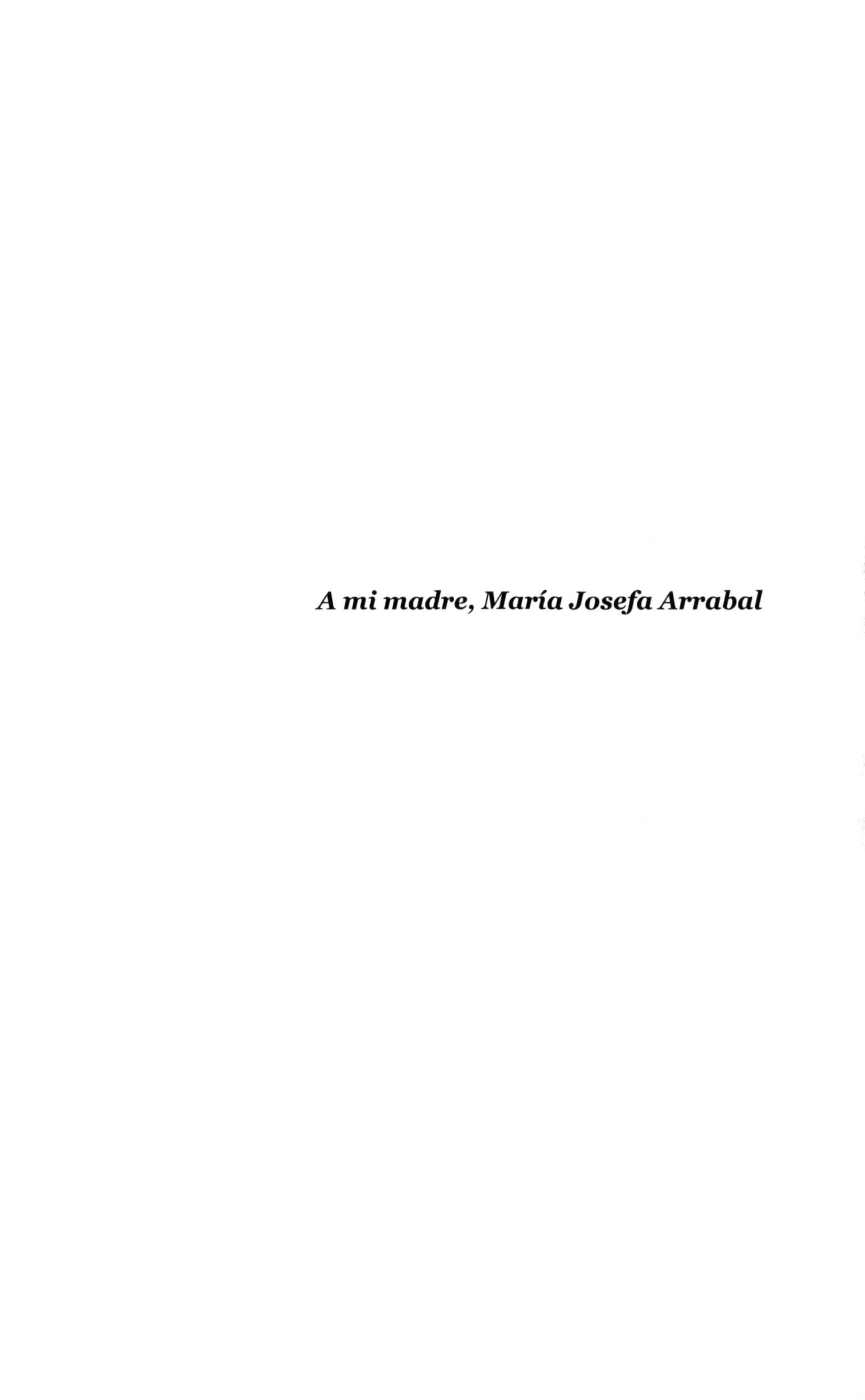

A mi madre, María Josefa Arrabal

ÍNDICE

El hombre que desapareció lentamente

Prólogo

Ha pasado ya mucho tiempo, quizás demasiado.

Después de haber atravesado las llanuras de la ciudad prohibida, aquellas ciudades calumniadas ya desde el Antiguo Testamento —me refiero a las antiguas ciudades de Sodoma y Gomorra—, y sometidas al castigo perpetrado sobre la abyecta acción de sus malvados ciudadanos, y contra la presencia santa de aquellos ángeles, quienes, por obra y gracias de Dios, se hicieron cuerpo y sangre para librar a dichos malignos ciudadanos del vicio de la sodomía... Así, ahora —lector—, surgen estos nuevos poemas que anuncian un final próximo. Un mundo onírico e intimísimo para explicar que, a todo declive le precede un nuevo amanecer. Los poemas son la continuación lógica del anterior libro: *Sodoma no es lugar para el corazón*, 2020 editado por Rapitbook editorial.

Bien, pero de eso hace ya algún tiempo —insisto—. Aunque merezca la pena recordar al lector potencial de mi anterior libro de 2020, a modo de resumen, que bajo aquel signo fatídico y adverso —bíblico—, nacieron unos textos que apuntan a criticar más que a explicar, poniendo de manifiesto un descontento funesto contra el mundo y un determinado orden de cosas, a saber: la frustración que provoca el amor fallido, dentro de un mundo fallido, a su vez.

Ahora, en esta nueva entrega de la «saga poética» la voz de Sodoma se transforma en personaje onírico, contando con el beneplácito del escarmiento y el veneno señalado por la experiencia de quien sabe demasiado y todavía considera al humano con un cierto talante o predisposición para la bondad. Para abrazar cierto grado de bondad, se dirá a lo largo del libro.

En *Nubes de Tormenta*, el narrador se trasforma en Orestes, nombre tomado de la mitología griega. De igual forma que en *Sodoma* se aludía como pretexto narrativo a la Biblia. Aquí, el protagonista se metamorfosea en un ser imaginario que asiste al final de un mundo, una sociedad y sus valores: la nuestra.

Según la historia homérica, Orestes estaba ausente de Micenas cuando su padre —el rey Agamenón—, volvió de la Guerra de Troya; siendo éste asesinado por el amante de su esposa, Egisto, o por la misma Clitemnestra, según algunas fuentes.

Según Píndaro, Orestes fue salvado por su niñera Arsínoe o su hermana Electra, que lo sacó del país cuando Clitemnestra —su propia madre— quiso matarlo. Orestes huyó a Fanote, en el monte Parnaso, donde el rey Estrofio se hizo cargo de él.

Conviene aclarar aquí que nuestro Orestes es otro distinto de aquel hijo que debió vengar el honor del rey micénico por el engaño de su madre hacia su progenitor. Aunque acompañe aquí un halo de onírica ensoñación, Orestes, sigue siendo un prófugo —simbólicamente— y, por tanto, toma prestado el nombre y el hecho de haber nacido también bajo el signo de Caín, esto es, la voz que encarna en este poemario es la de alguien que quiere huir de su destino, al escribirlo. Y por supuesto, sin poder conseguirlo.

Quienes cuentan su verdad son prófugos de la ignorancia, se leerá entre líneas. *Nubes de Tormenta*, es un trabajo de exégesis sobre el alma humana y su vástago emocional y terrenal —el de su autor—.

Nuestro Orestes existe en la imaginación de quien lo escuche o lea, siendo así, un ser irreal. Nadie sabe de dónde vino ni hacia donde irá. Lo único importante en este libro extraño —bien prosa, bien poesía—, será estar bajo el influjo de un ser inexistente, quien pecaría de una proclive actitud hacia la verdad, el relato y, por tanto, la fabulación también. La poesía no persigue la verdad, ni la belleza, aunque las pretende.

Será el lector quien al final deberá decir la última palabra. Antes bien, considerando que las verdades o mentiras de nuestro narrador, deberán ser juiciosamente consideradas y sentidas por un pálpito de sinceridad —pero la sinceridad nos da miedo—.

Orestes no tiene edad. Ha vivido siempre y bajo un aspecto de gentleman británico, sombrero y paraguas en mano, hace aparición —ya desde la portada— en lugares terminales; justo delante de sociedades que están al límite de su existencia.

Su presencia anuncia una venganza —como el personaje original de la Ilíada—, aparece para narrar y señalar un mundo que ahora se acaba, una sociedad al límite de sí misma, exhausta y narcotizada... abusada por sí misma.

Orestes, no trae la verdad, la cuenta con una fe irredenta, inconclusa y terca —no exenta de cierto rencor—. Se le podrá ver en las plazas de las ciudades por extinguir. Bajo el incauto clima de invierno, donde la lluvia incesante anuncia el hundimiento de un estatus que, habiendo permanecido por mucho tiempo caduco, se resiste a cambiar.

Orestes observa y se protege bajo su paraguas negro del clima adverso. A su llegada encuentra seres indefensos, otros malvados; la mayoría narcotizados o idiotizados; algunos sedientos de llanto, o malvados, simplemente.

Llega, abre su paraguas y observa. Sólo cuando haya visto una calma tensa que demande verdades, abrirá su libro ofreciendo palabras, cuentos, relatos y alguna certeza conjugada en verso. No tiene más; no pretende más.

Así obran sus prodigios. Muchos se marchan. Otros se aburrirán, aunque permanezcan; pocos entenderán. Todos piden ver lo que no pueden dar.

Orestes no cuenta la verdad, la recrea. Recuerda al mundo que vivir es «ser vivido», y debe expresarlo; como un notario de la realidad. De la verdad que nos late por dentro y nadie cuenta, porque asusta y duele.

«Pagasteis un alto precio por ser individuos sin alma», recuerda con elegancia y amabilidad mientras, despacio, cierra su paraguas y se marcha sigilosamente.

Algunos, quienes hayan entendido, permanecerán todavía, y paradójicamente; desaparecerán para siempre de aquella ciudad canalla, inundada de dolor y tristeza. La lluvia no cesará de caer al inundar las aceras. Aunque, quizás no se marchen del todo, tan solamente ya no serán visibles para la mayoría.

Los verás cuando andes al centro de la ciudad en la que habitas y el cielo esté poblado de paraguas. Un cielo poblado de paraguas solos.

Así sabe Orestes que su misión se ha cumplido y, como una extraña Mary Poppins, sonríe, cierra su paraguas y espera el último relámpago del alba para desaparecer. Quizás por ello lo recuerden como: el hombre que desapareció lentamente.

SOBRE EL AUTOR

Santiago es amor: fugaz y desmesurado, de una sinceridad arrebatadora. Feroz y dulce al mismo tiempo. Cada palabra es un susurro, una caricia, un golpe a la conciencia.

Su obra surge de la oscuridad para llegar a ser luminoso como un faro. El poeta rompe con sus versos la crueldad del mundo.

Sus frágiles palabras son el viento que —a veces huracanado—, lo limpian todo.

Otras, son un mar en calma que te acaricia.

Montse Huguet Valle

¿Y TÚ ME LO PREGUNTAS?

Yo hago de mi vida material de poesía, es decir, doy fe de la vida que me late por dentro, pues es, en definitiva, la más importante y nutricia.

«Conócete a ti mismo», decía Sócrates. Y para un tal menester, es preciso una conciencia del deseo que se sabe propio y se busca con un afán de entender y dar sentido: eso es conocerse.

Leemos para saber que no estamos solos; de igual forma escribimos. Una poesía que dé a luz la comprensión de una psicología propia que, confrontando las emociones, comparta y muestre los propios afanes y desvelos de una existencia propia respecto del mundo. Se buscará una presunta «otredad» del ser, al comprender —no sólo sentir—, y vislumbrar mejor toda posible felicidad —de ser ésta posible—.

Ahí radica la inútil practicidad de la escritura, que nace con la esperanza de servir de espejo a los desvelos ajenos. No para aleccionar, sino para obtener un efecto de sentido y poder ordenar el caos de la existencia.

Así, devengo notario y artífice de mi propia soberanía —la única legítima—, fuera del logos de lo posible, más allá de todo control racional y social, devenir el resultado último de un experimento propio.

Bienvenido lector a este futurible lleno de nubes. Traigan paraguas y chubasquero. Lo van a necesitar pues se avecinan nubes de tormenta.

AERIAL

Llevaron los paraguas para parar
la lluvia que no caía.
Y el cielo se llenó de ojos que no veían.
Un corazón parado y solitario,
rozaba un viento lento el firmamento,
callado y terco.

Llegaron con armas inútiles que el cielo partían.
Así se llenaba el alba de dudas,
de aquellas que no querrían.

Luego llegó absorto aquel ciego
que decía que veía,
y contaban los paraguas solos flotando
sin compañía.

Tú, te llevaste mi alma aquel día.
Yo —retomando aliento—, te la cedía.

PARALELO SUR

Limpiando sintaxis,
desempolvando diptongos,
royendo antiguas metáforas.
Otra vez sólo,
paralelo sur de un horizonte quebrado.

Tan lejos, tan cerca
que sólo un disparo dista de tu amor
y mi ribera.
¡Ya no me traigan la vida;
que no quiero verla!

¡Qué la conozco de cerca!
y sin recorrerla,
apenas también la tuya
que se parece a la mía
como el mar a la arena.

EL DESEO | a Luis Cernuda

Pon tu luenga boca de secano en mi ribera
azucena dorada,
que das luz a las gacelas del olvido
y dibujas, con color de primavera,
lugares soñados por los enamorados en la noche.

¿No adviertes mi presencia, rocín de sangre?
¿No recuerdas como apenas tembloroso,
recorrías mi cuerpo perseguido por el rayo de la mañana?
Corrías deprisa por las dunas y los hombros sensuales,
de gesto noble y severa incertidumbre.

Corrías como aquel muchacho
atravesado por un rayo de luna.
¿Pensé yo acaso en salir a tu encuentro?
—No—, me respondes.
Amor sórdido de hombre,
savia cálida de cálidos abrazos, cobrizos y sinuosos.
Fuerte tacto en un lecho de azucena.

INOPIUM

Éxtasis eléctrico, gafas de sol y pipermín.
Notas de color, ácido y fluorescencia.
Tomo nota de cómo descomponer la realidad
en trocitos de láser y efervescencia.

Éxtasis eléctrico, barbas y decadencia.
Son las ocho de la mañana y todavía no te has acostado.
«Toma otra», insinúas.
Eléctrica, la pista de baile se llena de gente
a un ritmo atroz 4x4.

Mamá Inés —la camella—
se asoma por el oblicuo de la escena.
Parece un mono pintado,
la mirada de sangre felina y muerte.
Gafas de alquitrán, eléctrica felicidad
y gotas de aire viciado.

Son las ocho y media y todavía no te has acostado.
Ahora ponen tu canción:
«Luego, cuando el sol se vaya.»
Sentencias y me besas.

Mamá Inés recorre borracha las dependencias
buscando clientes, matando vidas.
Su cúbica mirada se mide en mililitros de maldad,
maquillaje y polvo de estrellas.

Llega, se para y tropieza con su infelicidad.
La música, gafas de sol e inopias.
Todos ven lo que no pueden explicar.

ME SALVÓ EL AMOR

Dejaste ir la luz.
Debajo del puente, abajo en el río.
Todo por decir.
«Soy nuevo con mi luna y mi ángel
y sí, con mi copa de más.»
Todo fue luz y novedad aquella noche...

Cantaban los techos de palmera
que tú ya olvidaste.
Era verano en fuego y yo, apenas te vi.
Evoco la pasión que me lleva a ese lugar
donde nunca fui.
¡Cómo me ofreces tu luz y tu desvelo así,
como quien no los precisa!

A punto de morir me salvó el amor y tú,
en la barra de aquel bar sonreías,
por un amor que vendría luego.

Espera, no salves de lo perfecto
por imperfecto, la ensoñación.
Que sepas que tus besos esperan
en los que hoy no te di.

VIDA ARTISTA

Qué poco entienden algunos de risas.
Mucho de llanto: tanto de nada, nada de tanto...
Qué poco saben ellos de vida artista;
son, piel con zapatos.
Mi alma dista millas de ellos, de ellas.
¡No es para tanto!

Qué poco entiende el mundo de mi ilusión antigua,
por tanto, por nada... ¡por algo!
Que nada sepan de mí y disimulen
y me soporten —repito—, no es para llantos.

Si cuando caigo lo que importa
no sea el golpe, aunque si tu mano amable,
tu abrazo firme, retomando el mío,
evitando tanto.

Y así, me salvo de la estupidez al uso.
Por tanto, qué importa el celo,
el egoísmo, la indiferencia, la idolatría:

No me vieron.
¡No importa tanto!

VIDA

Hoy la vida sigue siendo un camino afanoso,
poblado de esquinas truculentas:
de zonas de luz y zonas de hiedra.
La vida llena de escaleras y aceras,
de puentes medio derruidos,
de calles llenas de macetas.

Hoy la vida es clara y oscura a un tiempo.
Vida que sucumbe y resbala
por una senda incontrolada y eterna.
¡Toda la vida entera sigue siendo mi vida
ante un mar de primaveras!

La vida hoy es llana.
Lo es porque piso siempre la misma piedra,
porque algunas lágrimas son sinceras
y calan los amplios campos y las aceras.

La vida nace y se deshace.
La vida llora a pulmón,
o calla con suave benignidad de gato.

Las risas también cuentan; sean mías o tuyas
y por siempre de todo aquel que la mire a los ojos
de forma sincera.

Pero por dentro otra vida sigue,
mientras la llevas oculta en unos ojos de pena.

ENTRE EL CIELO Y LA TIERRA

Te bebes el tiempo
como un ladrón hurtando momentos,
con el descaro de un ángel forajido.
Dices que todo te va mal,
que la vida no te corresponde,
que no recibes lo que tú das.

Y digo yo...
Si te lo gastas todo en putas o chulos
que acaban en tu casa en madrugada penosa
y luego te roban o si no, te drogan...
La vida así te corresponde.

Luego te vas grisáceo, triste y con desvelo,
llorando y diciendo que nadie te entiende
y haciendo chasquidos de niño pequeño.
Déjate de panoplias y silogismos.

Lo tuyo es un cielo sin luz ni ángel,
una sierpe diabólica,
un Decamerón ilustrado
sin final feliz.

Lo tuyo son los chulos
y los demiurgos de la miseria.
El hambre que come de la mano
migajas de placer y llanto.

No te juzgo.
Te nombro entre aquellos
que hicieron del infierno su aurora.
Algún día, sólo alguno, será posible reír
entre el cielo y la tierra.

Aún hay espacio para el tiempo
pero no tiempo para tu espacio.

UN CORAZÓN QUE VALGA LA PENA

Si a tu regreso —ya de madrugada—,
me abrazas soñoliento y apestando a cerveza.
Si toda la furia del mundo la llevas en la mirada.
Si todo te ofende por el dolor que acumulas.
Si me deseas y yo a ti no.
Si te ofrezco mi amistad y tú haces con ella
melodrama con final y bofetada.

Entonces dime:

¿Qué reclamas?
¿Qué esperas?
¿Qué amas?

Si a mi llegada,
con furia disuelves tu dolor y perdonas.
Si no te ofende el mundo porque no te toca.
Si no me amas tanto y sólo mi cuerpo reclamas.

Si ofrezco mi amistad
y entiendes que te quiero,
y en lugar de bofetada
me regalaras un beso y un abrazo,
limpios a estrenar.

Entonces yo,
pondría callar mi boca, entender tu alma,
no defenderme de nada y quizás, poder amar.

POEMA SOLO

Mientras vienes ya me habré ido.
A solas en la habitación, el cava se desbrava.
La delicia canta ignota.
La dicha se alarga.

Mientras vienes empaqueté ya mis lágrimas.
Pegué el peaje de mi alma; inauguré el alba.
Mientras llegas tengo hambre de tu nombre
y vació en la mirada.

En el corazón un desconsuelo terco
y más cava frente a la cama.

¡Qué ya tardas amor
y mi alma, está helada!

CABALLO BLANCO DE CUBA

Sí, me erizas con tu proeza
y me enturbias con tu tristeza herida
y tu noche loca, de luz, barro y cañavera.
Corriendo por torreones y mapas,
con los esqueletos locos de luz pequeña
y los muertos: tus sueños muertos.

He dejado mi clon y mi cruz
y una canción escrita por si regresas.
Mi fe de luciérnaga herida y sapos
añora tus besos de infante,
de trapos sucios y frescas praderas.
«¿Volví por ti?», me jurabas.

Dime tú, mi Cuba...
¿De qué color son tus noches con luna y nardos?
«De voz sola y negros agrupados», contestas.
¡De quién si no de nadie!
¡De azul sino de nada!
De amianto y cuño loco.
Caminando por tu malecón solitario,
ruge el viento.
A lo lejos, un muchacho mira fijo
el horizonte partido.

La luna se ha roto el lomo de tanto usarlo
y un búho canta ronco por tu almohada abandonada.

En las praderas verdes de roca
se oye un ronquido de hielo y arañas
y la sangre de todos tus muertos
que retumba, llena de espumas blancas.

Aquella noche de difuntos,
donde el colibrí dejó pan y azúcar
para tus sueños.

Tus sueños todavía por cumplir...
Las mujeres jugaban a un cerco loco en derredor
y fumaban los habanos de Castro.

Tardará en llegar una sed lejana
que temple tu mentón de negros y rayuelas.
Mientras, el mulato se rompe el lomo en la cruz
y los niños entierran promesas con su llanto.

No fue tu songo,
ni el ritmo austero de tu carnaval,
o la voz de letra oscura de Fonseca;
sino el hombre de paz y lazos
y un hambre eterna de abrazos.

La mujer que llora a solas
la distancia de su gente
y la voz robada, caimán, flor del tabaco.
Cantaban los techos de palmera y barro.

Sí, iré a Santiago,
a Santiago de Cuba
a por semillas, amor y tabaco.
Cuba nublada de llanto... ¡Ay!
¡Cómo me cuesta
quererte como lo hago!

HIELO QUEBRADO

Las cosas no se acaban por que nos las nombres.
Las puertas se cierran o se abren solas
aunque nadie atraviese su dintel.
Los caminos no se borran,
aunque ya no los transite nadie.
El amor no se ha ido para siempre,
aunque hoy tú no lo tengas.

Por tanto: déjate vencer.
Ofrécete sin mácula al destino.
Déjate llevar por el milagro
de la voz que llama sin saber quién eres.
Amor, no olvides que fui yo
quien puso un beso de azucena
en tu boca de ángel.

¡Qué idiota fui entonces!
Cuando el amor valía la pena.
Tú, madrigal de verano,
paloma del asombro...
que me enturbias las prosas y los versos
y te bebes mi tiempo con la gracia de los espabilados.

Tú, escaparate de cuerpo sin alma.
Tú, no vendrás a la epifanía de mi vida.
Tú, ya no estás invitado.

Porque bañarse sin guardar la ropa
no tiene ninguna gracia,
y menos cuando tienes más de treinta y tantos
y mucha poca vergüenza.

Vuelve al redil de tu rebaño de idiotas,
a la estúpida argucia sin destino
de la que provienes.
Vivo en la ambiciosa bruma sin espanto.
Aléjate. Vete lejos,
donde mi alma no te alcance.

Y si al marchar vencido no me quieres,
mi alma no desnudes pues por ti,
mi destino en sombra quedó
y mi luz o mis palabras,
como hielo quebrado son.

ANIMA OSCURA

Éramos la niebla,
la luz que salía de un costado: un abrazo.
Fuimos mendigos y luego reyes sin reinado
para más tarde volver a tierras lejanas,
aquéllas que luego abandonamos.

Tomaste mi mano un rato
que un año y medio duró
y caminamos juntos
como lo hacen los enamorados.
Temblor, pulso, amor y desmesura, entonces.

Eras el muchacho de mis días,
yo la luz de una esperanza
de selva y azabache envenenado.
Tomamos la parte por el todo.
Viniste para enseñarme el límite fijo
de la navaja del dolor.

Asistir a un curso de amor amargo
y dulzor envenenado cual muchacho al kínder.
¡Cuánto amor! ¡Cuánto amor!

Te marchaste lentamente y te llevaste cosas
que ni siquiera eran mías.
No sólo amor, no sólo besos velados y agonía.
El azar no solo a ti pertenecía.

Te fuiste lentamente llevándote
las llaves de mi puerta.
Desde entonces mi alma está abierta,
abierta a la esperanza.

CUANDO EL TIEMPO QUEMA

Tengo tu nombre en la mejilla
clavado de impotencia.
Tengo el sexo de tu astro en el corazón,
tapiado con nubes y promesas incumplidas
de falsas expectativas que creí.

Tengo el soplo del olvido
dormido en el calendario y anoto con tino
que hoy también tengo que olvidar.

¡Hay tanto que dar todavía en mí!
No debo lo que ya te di.
Es decir, nada porque todo lo di.

Sólo un recuerdo tuyo me basta para el hastío.
Un fantasma de abrigo y noche turbia
que no falta a su cita con la ternura.
Así son los recuerdos: tercos como dos mulas.

Antes de irme a trabajar —recuerdo—
con perfecto amor acurrucado,
como te besaba en la nuca.
Tú, adormecido en el sueño todavía,
de quién sabe qué delicias, aún dormías.

«Adiós mi niño, me marcho.»
Nunca obtuve respuesta.
Nunca la esperé.

La puerta puso distancia; el hábito la siguió.
Luego de tu partida, dolor y tristeza juntos.
Sin tregua, sin nada, tan solamente adiós.
«Yo no sé hablar como tú.», argüías.

Hoy amo tu recuerdo incauto
como quien ama su dolor,
curando viejas heridas.

Me quedé con las ganas,
con las ganas de decirte
que llevas en tus labios mi esperanza
y en el corazón oculta mi alegría.

Con las ganas me quedo, mas no con tristeza.
¡Qué lo demás te lo dará la vida!
Porque el tiempo quema...

LA LLAVE

Me pediste amor y bajé la luna.
Luego llegaron los abrazos,
el sol y los paseos con sus domingos de invierno
y cama hasta las tantas.

Yo te miraba con mimo.
El torso tendido, abandonado al sueño.
Alzaba tu brazo caído colgando del suelo.
Caminaba de puntillas para no despertar
a los ángeles que habitaban la casa.
Así pasaron varios años,
entre el amor y la añoranza.
Añorar un amor verdadero,
libre de temores.

Me pediste un beso y te regalé un cielo
hecho de abrazos, amor, de caricias
y mucho consuelo.
Todos lo decían: era demasiado.
«¿Demasiado de qué?», preguntaba incauto.

Qué fácil pronosticar el futuro ajeno entonces.
Qué bien se os daba involucrar la mirada,
al ser imposible entender
cómo tanto amor perduraba.
El demonio celoso entró en escena
y tú, además, le esperabas.

Me pediste tiempo; yo tenía eternidad.
Me vendí al amor por dos duros.
Te decoré la vida, curé las heridas,
te bajé la fiebre cuando enfermabas
pagué tus facturas al estar sin dinero.

Los días de mercado te hacías el remolón
dejando que cargara con el carro de los víveres
y llenara la despensa, y preparara el almuerzo.
Yo era feliz dando más que recibiendo.
Tonto no eras, mediocres, sí.

Un día que abrazarme no querías,
disimulé para que el amor no me viera.
¡Qué torpe! ¡Qué indefenso me sentía!
Me pediste dinero...

Más tarde supe que lo gastabas en chulos
y farras de esas que tango gustabas.
Luego, aterido y apestando a licor,
llegabas tarde como siempre y exigías
tu porción de afecto y algún que otro revolcón.

Un día al despertar me miré al espejo.
Estaba acabado, el rostro lleno de odio
lo anunciaba libre de temores.
Odié a todos aquellos que pronosticaban
y maldecían muestra vida en silencio.
¡Qué necios!

Aquel día te pedí
me devolvieras las llaves de mi alma
y tú ya no las tenías.
Comprendí entonces...
«Libre de temores, libre ya de amores.»

EL OROPEL DEL ORO

Considerarse conocido de Dios,
buscar su complicidad y su beneplácito,
despreciar todos los naufragios
o regalos del alma.

Todos los salmos que nos guardan
y nos acogen no son
ni satisfacen plenamente
las malas inclinaciones.
Falso paraíso yo.

Es más, siendo lícito,
carecen de un auténtico desempeño.
Todos nos vemos conmovidos
y sorprendidos por un vacío
que urge llenar de significado.

No gusta la torpe soledad del proxeneta,
el inútil dolor del desdichado,
el alma cansada de buscar un amor
que no encuentra.

Torpeza tras torpeza,
Dios accede a tomar de nosotros aquel afán,
sin voluntad de ser apreciado allí arriba.

Sin certidumbre de gobernar de cierto
nuestra fe inconclusa,
Él, la toma entre sus manos
en una mansedumbre irredenta.
El amor llegará más tarde... ¡Si llega!

El privilegio de ser conocido por Dios
puede parecer insuficiente para algunos,
mas no el oropel de mi afán por Él.
El único afán con verdadero significado, quizás.

RIBERA DE LOS ALISOS | a Gil de Biedma

Ya en el jardín, urdiendo las horas muertas
de un pasado errante —que no errado—,
al preguntarme si fuiste tú o yo acaso,
olvidar el pecado se impone.

«No sé hablar como tú», explicabas.
Entonces todo lo comprendí.
Porque en el pasar de las horas que pasaron
está la enseñanza: que el tiempo todo lo aclara.
Que el dolor se alarga y dilata, que no mata.

Ya en mi jardín, metafórico lugar inexistente,
donde palpita mi alma con tu frente
y mis sueños truculentos se enredan con el viento,
en ese nacarado lugar nacarado;
presuntos amigos visitan mi cama
llenándola de lisonjas envenenadas.

Yo insisto sin el menor pudor
que es a ti a quien busco entre sus cuerpos.
Que son tus abrazos los que pruebo
entre los suyos.

Mas ellos jamás lo creen.
Ni tan sólo escuchan a la pasión
que esconde la verdad oculta.
Que no será desvelada, pues ellos a su vez,
aquella primera vez buscan en mí, también.

No sabemos más que antes,
sino distinto a lo que fue.

EL SEXTO VERSO

Yo escribí cinco versos.
Por «a» empieza el primero
y terminó dejando en la razón su quemadura.
El segundo: unas manos amigas.
Un beso que acaricia mi costado es el tercero.
El cuarto son tus ojos callados,
como dos horizontes perfectos.
Una casa levantándose es el quinto.

Mis versos no piden pan,
ni inteligencia, ni gloria.
No piden nada que no sea devorado más tarde,
cuando llegan los críticos, cacasenos
y elegantes algunos, con sus tejanos y zapatos rojos.

Llegaron, a juzgar el valor de mis latidos:
a envolver sardinas con las hojas de mis libros,
a tomar prestada mi ilusión,
a tasar mis palabras con microscopios
de liturgia barata y gramática.

Entraron… y se llevaron puntos y comas,
paréntesis y otras armas punzantes:
metáforas usadas, pleonasmos caducados,
aliteraciones en desuso y claro
mataron la lírica.

¡Aunque con ella no pudieron!
Pues mi lírica, ramera de las tabernas,
se envalentona y no deja títere con cabeza.
Luego se marcharon todos,
porque no fui lo bastante turbio para ellos.

Mis libros son estrechos,
están hechos de ilusión, crítica
y una pizca de tiniebla.
No son doctos; son sinceros.

Entonces, amigo,
vi pasar el sexto verso de mi poesía.
Caminaba sólo, cabizbajo y algo sombrío.
Lo vi llorando por una esquina.

Lo llamé y no contestó.
«¡Soy tu autor!», exclamé gritando.
Miró con astucia y ternura mesuradas, al decir:

«La poesía no pide pan; no tiene dueño.
Existe sólo de pura rutina y ensueño.
El sexto verso eres tú, poeta.
¿Es qué no lo ves en el espejo?»

LUNA DE AGOSTO

Puedo escribir el mejor de los poemas
pensando en ti.

Apenas un deseo borroso entre brumas,
dibujado sobre el tapiz traslúcido del deseo,
enciende un alma ausente de tu cuerpo.

Sé que estás ahí, compañero,
desesperado en la bruma,
detrás del miedo.

Siento turgente tu presencia
que se me antoja secreta.
Como secretos fueron
aquellos encuentros.

Puedo escribir el mejor de los poemas
pensando en ti.

Te abrazaría en silencio
al besar tu emblema.
Ese que pintan tus ojos
y llevas grabado en el pecho.
Y esos muslos de Apolo y alquitrán
hechos para el amor...
por la batalla que me une a ti.

Quizás despacio,
robando besos a la noche,
abrace tu cuerpo henchido y fatuo;
lleno de abanicos y senderos.
Y repose en tu boca de fauno
con tiento, el peso de mi deseo.

Apenas te veo y te adivino en el pensamiento.
Amigo de cieno, cruza tu camino de viento,
y dime si es cierto:
si se hiela el tiempo,
si el frío cala los sentimientos,
allí donde yo te imagino.

Y me hablas al oído como látigo encendido.
Era agosto, una luna llena de agosto y miedo.

Sé que serás sincero.
Blanco te intuyo y sé
que blanco es el cielo.
Amigo de carne o amigo de espejo.
Luna de agosto y desvelo.

PERDER LA CABEZA

Tras cada extravío hay un ser amado,
un humano distraído y seguramente apasionado,
ensoñado o azorado
que tiene otra cabeza dentro de la cabeza,
y un corazón latiendo en el pecho
que una simiente plantó.

Perder la cabeza, es amar sin pies ni dictado.
Me pides tiempo... y el que ama no dispone
sino de un par de muletas,
para ir saltando entre brasas.
Además, como reza el refranero:
Si perdí mi tiempo, no todo lo perdí.

COPERNICUS

De tu voz un reflejo me llega.
Luz que es búsqueda y queja,
mas parezca sonrisa improbable,
efecto de un caucásico encanto.

De su luz, que es suerte
no menos que esperanza,
camino, aunque atajo insondable,
cruce de suertes y senda de esta razón,
apareces tú; indemne en un espanto
de pura casualidad,
o quizás de mera ensoñación.

¡Allí estabas! Ahuyentas la soledad de la noche
como las moscas del baño revolotean el mal olor.
En la elipse sin estrella que somos,
alguien nos sonríe y su luz nos quema el alma,
limpiando todo rincón con destreza inusitada.
Paradoja que no cesa en su asombro.
¡Qué las estrellas se hicieron para dar luz
y sombras también al alma!
Qué aquello que llamamos
«los demás» es un «nosotros».

Dormir un sueño de generaciones
no es más que el destino huidizo
de hombres que buscan su sombra
entre las sombras y olvidan el alma
entre escombros y oprobio.

— ¡Es un ardid! —

Lo dicen tus ojos de nórdica mirada,
que observan callados desde el rincón de la barra.

Allí donde los borrachos lloran,
los jóvenes se prostituyen por nada,
y los camellos venden al fauno de la noche
polvo blanco de estrella envenenada.
Y lo gritan, claro y alto.
Mas no todos lo comprenden...
La noche les vende humo e indiferencia.
¡Veneno por nada!

Pero tú, todo ángel,
todo cuerpo y mirada;
tú estabas allí para inspirar
y mostrar el norte a náufragos
y desertores sin biblia ni credo:
a borrachos y putas;
sobreviviendo a la indolencia
de aquel cuadrilátero envenenado
sin encanto, sin misterio.

De ti hacia mí,
sólo un signo intangible,
infatigable: heroico.
Porque mentir alivia
y permite descansar,
para luego continuar
infatigables en la mentira.
Y al decir vida, la vida aparece
en el angosto sendero
de la imaginación,
o en el calor de algún cuerpo:
junto al corazón.

¡Creed! Allí reside la dicha.
La fuerza de las palabras está en la mente
e intención del demiurgo que somos
apenas sin saberlo.

Eran las tres de la madrugada,
el bar cerró y quedaron
dos sombras solas:
la tuya y la mía, enredadas.

«Copérnico», dijiste te llamabas.

PRESENCIA DE UN INTERIOR

La ausencia sigue su pulso inminente
que ahora pronuncia un nombre delicado y perfecto;
nombre de antigua raíz y joven voluptuosidad, de piel
de fango y arena fina. Cascabel de recuerdos
y un caracol en sangre...
La vida es una larga cadena de adioses.
Para que nunca pueda parar,
la vida necesita ser ausencia.

Caracol de sangre,
vi como se quebraba
tu imagen ante un espejo.

Fugaces voces surgen en mi mente
y ofrecen antiguos genios de ceniza
que luego, más tarde, resultan ser
pequeños sapitos de asco.

Caracol de sangre...
¡Un caracol en sangre!
Una voz mancha una breve sonrisa,
abierta y fugaz sonrisa.
Levedad de un ser de ceniza,
carcelero de la mente.

Aún puedo seguir, y digo puedo,
porque estuve a punto de perder un suspiro.
Un golpe de la razón y un chasquido
de sangre en la mirada.
Detrás la frágil ausencia me llama.
La sangre del caracol se derrama...

Dime el nombre
que sólo fue pronunciado una vez.
Vuelvo a probar el sabor amargo y oscuro
de una mirada fugaz y perfecta.

Piel y voz de un fantasma
que me eleva en la distancia,
y luego regresa felizmente,
mostrando sus manos
manchadas de mentira.

Cupido, ángel traidor:
¡Vete de mi casa y abandona mi alma!

Subir a lo más alto
y acordarme de gritar su nombre
cuando el viento anuncie otra ausencia.

¡Muchacho! regálame
tu corbata de seda fina
y píntame un paisaje
de terrazas y flores,
alto, muy alto,
subido a tus espaldas.

Cupido, cuando pases por mi lado
inventaré un capricho pasajero,
envenenado y lo pondré en tus labios.
Se oye un golpe de sangre:
¡Cupido ha muerto!
y tú lo has enterrado...

TIEMPOS DE 1900

Vuelvo a temblar sobre la tierra firme,
el camino patente y movedizo.
Vuelvo a sentir la presencia de algo
que me impulsa a hablar,
a escoger ese momento de frases osadas,
necesarias.

Aunque los sentimientos sean mudos,
aunque la miseria no habla:
pudiste escuchar un grito
saliendo de mis entrañas.
¡La poesía no calla, ni acaba!

Mas no estaba allí tu mirada.
Tan sólo un gesto de pena
tu alma exhalaba.

De nuevo la transparencia se tiñe de oscuro
como si de un destino se tratase.
Marchitos los ojos de llanto por llamarte.
Qué no hay sangre en las venas
para ocultar mis desvelos;
ni quiero, ni puedo.
Ni angustia, o agonía
que tape la boca al viento.

¿Cómo matar la pena si ni siquiera
esa sangre marchita se altera?
¿Cómo matar la pena ya tan profunda,
si ni amistad nos queda?

La tarde se altera y el tiempo...
siempre espera.

TENGO HAMBRE DE TU ALMA

Los esqueletos quietos de la noche
hablan el idioma de los incautos.
«¿Qué puedo decir?», pensé.

Te has muerto para siempre
como todos los muertos de la tierra.
Te has muerto pero no te has ido todavía.

Lento por las aceras ruge el viento que te vio.
Todavía te mecen las horas y los días que te nombran.

Te has muerto para siempre, y te marchaste,
con un montón de perros agrupados y mi desafío.

No verte es no verte más.
Te agobia la prisa; la prisa es la prisa.
Yo te veo en el entierro que tú querías,
con la sombra de tu alma,
elegante como el paso de un ángel.

Dame tú, el tiempo tierno del nenúfar
o el olvido del idiota.
Dame algo que me quite el hambre,
y esta tristeza de hilo blanco,
para hacer pañuelos
y plañir tu llanto.

Dame acaso el lado de un tiempo eterno
que dice invitarme cuando a mí me llame,
la vida rota, hacia otra parte.

Dame el momento que no tuviste, un rato...
un lapso eterno de lima y limón, flor de amianto.
¡Suspiro y barro!
Tengo hambre de tu alma, sin más:
caminito blanco.

¿DE QUÉ COLOR ES UN BESO?

«Y se moría la voz en los labios...»
—Anónimo—

Tu cintura de cicuta
alivió la sed del pasado
y vertió vida y sangre
sobre la esperanza.

Yo no sabía de recuerdos.
¡No! Supe de ti,
lo primero, lo efímero: un grito interior.

Más tarde vi tu cuerpo
y tu cara de ángel,
sobre el tapiz de la almohada.
Sonreías a lo lejos:

«He traído mi pijama de rayas y pena.»
Y me besaste con tiento.

Pero tu alma de ángel
ya habitaba en otro cuerpo.
Llegó vacía al límite del silencio.

Clandestina vida sin alma;
misterio en tu metafísica sonrisa...
Vi la luna reflejarse en tu rostro
y tus ojos, mordían el tiempo.

ERA UN ARDID

Dejaremos que pasen lentos los momentos,
como plegarias ciegas y sordas para el cielo.
¡Sí!
Abriremos puertas, beberemos mares
y amigos todavía por descubrir,
nos visitarán. Verás...
Volverán antiguas cosas
para ser lo mismo:

Lo mismo sólo es lo mismo,
fingiendo ser lo otro.

Pero verán unos ojos distintos.
Serán otros los acentos,
al procurar lo que nos falte.

Te daría todo si todo lo tuviera
aunque sólo el amor me sobra,
y por supuesto mucho, mucho temor.
Una pizca de azar, también nos hará falta.
Abriremos puertas, beberemos mares;
mientras haya fuerzas,
cuando haya ganas:

Quedarán las islas y los besos que nos dimos
como palomas blancas surcando la distancia.

Sólo el último, cerrará la puerta.

LAGO TAHOE | a Kate Bush

Las estrellas se clavaron en mis huesos
mientras huías por un valle
lánguido sin aurora
que tus labios incendiaron
hace miles de años...

Y tus ojos destilaron
profundos secretos inconfesables
sobre el persistente paraíso
de mi incertidumbre.

Y así fue nuestra historia.
Así surgieron dioses y olimpos,
que más tarde tuvimos que inventar
para amansar el dolor:
el dolor de la existencia
y aquel vacuo amor,
jamás correspondido.

Es por ello por lo que me acusan
de ser el poeta de la pena.
Una pena necesaria,
nueva, iconoclasta —dirán—.

Fundadas por las almas y el miedo,
desenterramos antiguas mentiras
cada cual, a su manera,
cada uno en su frontera.
Yo, del otro lado de tu Atlántico.
Tú, lejos de mi mar Mediterráneo.

Aún ahora puedo ver
a los árboles convertidos
en flagrantes antorchas
y recelar del aire que te besa
y te envuelve; celoso de aquel
que se te acerca.

Yo me bebo en un verso
la distancia que nos separa.
¿Cómo si no sobrevivir en la nada?
Detrás de todo tiempo
quedó escrito tu nombre,
mas no la certeza
de jamás tenerte.

Amanece en el lago Tahoe.

LETANÍA EN PRIMAVERA

No hay tiempo:
para la búsqueda del pasado,
para el olvido del presente,
para un afán que abastece al ego.

No hay tiempo.
Y todo se reduce a palabras y adjetivos,
a etiquetas y excusas, también.

Sin embargo, tú no quisiste ver.
No pudiste oír.
No supiste mas que
escapar con torpe disimulo.

No te culpo.
Mientes al decir que tus manos
forjaron tiempo y tesón,
pues faltaron al más valioso legado.
Aquel que nos hace mejores y dignos.

No hay tiempo...

Se escapó la flor del corazón.
Se rompió tu alma de infante.
En tu letanía de flor marchita,
lento como la espesa bruma;
te fuiste rompiendo mi corazón.

Por eso, no mientas.
No ancles al tiempo mis desvelos.
Te importó un comino mi vida
que la tuya merecía.

Jamás habrá más tiempo.
Jamás más engaño, ni manipulación.
Jamás habrá «un jamás».

Sencillamente, ya no hay tiempo.

CAJETÍN DE LOS BUENOS SUEÑOS

Hicimos lo posible para no ver el mar
y que nuestras almas se mezclaran lo suficiente.
Llagaron los días de vino y rosas, y el viento
pronto se los llevó con ese sordo rumor de recuerdos.

Nos miramos por vez primera y olvidamos
las promesas demasiado pronto,
demasiado equivocadamente.
Anduvimos nuestros cuerpos
con el afán de una la primera vez...

El amor entonces se escribía en mayúsculas
y consumimos los días a golpe de ilusión,
no menos que forjados con esperanza.
Como en los cuentos de niño,
cuando explicaban aquello de que
los Reyes Magos guardan nuestros anhelos
en el cajetín de los buenos sueños,
nos enamoramos.
Con besos exquisitos nos quisimos,
mezclados con el clamor
de la esperanza y la alegría
como pocos lo hicieran.

Ciegos en el amor erramos.
Éramos dos valientes entonces,
demasiado jóvenes,
demasiado inexpertos todavía.

Quienes nos visitaban envidiaban nuestra casa:
pequeña y cómoda, luminosa,
con aquel armario reciclado
que forramos con papel azul
porque no teníamos dinero para uno nuevo.

Fueron hermosos aquellos días
no menos que las noches,
donde nuestra vida se hilaba
justo al borde de momentos
que más tarde se helaron,
inexplicablemente.
Pero llegó el frio y los malos presagios
y el viento en la ventana golpeaba miedo.
«¿Os cerrais? ¿Os compreendeis?
¿Os ignorais?», preguntaba el viento
en la ventana.

Todo fue fruto del destino —dijeron algunos—.
La desdicha se llevó los besos y el amor...
Entonces la casa fue un desierto
lleno de telas de araña y cizañas.

Yo sufrí; tú sufriste.
Así pasaron aquellos días
que fueron nuestros y de nadie más.

Hoy rindo tributo a ese tiempo
en el que guardé la llave del cajetín
de los buenos sueños.
Una vida sin amor nada vale,
pero vivida con el temor a ser contada
es matarla.

MANDAMIENTO PARA IDIOTAS

Que nadie te quite un sueño.
Nadie te rompa con su asco,
su frustración o ausencia de valor.
No lo permitas. ¡Cántalo!
Míralos con firmeza,
con extraño cariño
y si puedes, con lástima.

Tu mirada dirá cosas que no comprendan,
o quizás no puedan entender todavía,
pero eso es propio de idiotas.
No quepa justificación, aunque sí, el perdón.

Que nadie te rompa un sueño.
¡Sigue adelante! Iimagina, proyecta como es
y debe ser tu vida, tu felicidad... tu amor.

Estos días las malas emociones andan sueltas.
Los vacuos elogios y los gestos bondadosos
que asquean el paladar, nos alimentan.
Que nadie te ofrezca la salvación o el oprobio.
Y si el infierno te tienta, siéntete cómodo en él.
¡Miserias las justas!

Huye de corruptos, débiles, fariseos e hipócritas.
Les proyectas tu sonrisa en la mirada.
Les hablas con desafío: cara a cara.
¡Qué nadie te rompa un sueño!
¡Traidor de la noche, idiota de la mañana!

Ni un paso atrás,
que todo empieza
donde ellos acaban.

Qué los débiles, ignorantes, los doctos;
queden en su redil de náufragos,
agarrados a la sucia madera
hecha de mentira, flotando
con torpe ignorancia.

Ni un paso atrás amigo, amiga...
¡Arriba la mirada!
Saca lustre a tus zapatos.
Empolva tu nariz de duende,
de hada... Camino firme, pisada clara.

No habrá tregua sin bondad reforzada.

Adiós a mi antigua vida.
Adiós a los custodios de la verdad,
a los que ordenan tu felicidad
y marcan límite a la esperanza.

¡Contra ellos siempre!
Se acabó vuestro vástago.
Nosotros, los duendes y las hadas de la palabra
os lo hemos arrebatado.

Desnudos, con la única túnica
de nuestros sueños, nos erigimos en vuestra pesadilla.
En el amor y la dicha,
la venganza será la ternura,
ofrecida como agua limpia al sediento,
y los sueños, nuestro único alimento.

LORCA

Hubo una España de sombra a las cinco de la tarde. Un moho, un relicario y un ataúd con un muerto tapado.

¡Sí! Todos lo gritaron: eran las cinco en punto
de la tarde en todos los relojes.

Era la noche del padre, del hermano,
del hijo herido y maltratado.
La hora de un pueblo ahogado...

Era la España cañí:
la pobre y desigual España
de cal, paja y latifundio.
Una guerra, dos ideologías
y un mismo miedo te cercaron.

Fue entonces tu poesía una voz
y más aún: un grito aterrador
que provocó estupor y espanto,
e instigó la ira de la ignorancia,
la cólera de un dictador.

Duendes de inspiración preparan el féretro
y tu poesía, tu música, tu teatro;
te sirven de mortaja todavía.
Como un Jesucristo de carne, a la cruz clavado,
nos dejaste la fe de tus palabras
y la luz de tus canciones.

¡Asesinos de palomas a las cinco de la tarde!
Llanto y cuchillo
y una lágrima sola
que clama el dolor de la pena
por una ribera sola.

¿Dónde estás Federico a las cinco de esta tarde?
Cuando el mundo te reclama y necesita.
¿A dónde te marchaste?
¿Dónde te llevaron a las cinco
en sangre de la tarde?

Un golpe seco, junto a otros,
un disparo en la nuca, de espaldas...
Un ruiseñor dejó de cantar entonces
—lo dije antes—.

Eran las cinco en pena de la tarde.
El mundo lo sabía.
El tiempo quedó mudo,
parado el viento.
Sin voz está el alma.

Una España innoble, de espanto,
de sombra y esqueleto
privada de habla y libertad.
Y precisa palomas para la paz y descanso
y pan para sus hijos.

¡Asesinos!
¡Asesinos de palomas!
Pero tú, no pudiste morir peor, Federico...
Lo dice el viento que te aclama.
Cincuenta palabras para tu muerte.
Cincuenta palabras de nieve y frio.

¿Dónde llorarte sino en tus libros?

LA ESPERANZA

Hice todo lo posible para hurgar en la niebla
y crecerme en las palabras
que más tarde revelaran en silencio
los secretos de mi almohada.

Hice tanto y más
que lo posible se vertió en vacío
y el vacío llenó mi alma
con pasos de ausencia envenenada.

Y me quedé colgado de un instante,
dormido en la tela de araña,
por maldecir tu nombre:
¡Por no soñar con la nada!

Hice todo lo posible
para derribar los muros,
enderezar la cama,
colgarme de las persianas
y quc cupieras en mi alma.
Y al maldecirte —luego que te marcharas—;
quise ser la brisa que te acompaña,
y saliva cuando besas en boca extraña.

Y todo lo posible no fue nada.
Y nada en lo posible fue tu alma
y tu adiós y tu mirada.

Hice lo que pude con el barro que nos dieron
y aunque nos duela admitirlo;
construimos nuestra casa una tarde de verano
preñada con esperanza.

Y lo posible fue invierno y miedo y llanto y rabia que no nos dejaron querernos. La vida tenía envidia entonces, el tiempo prisa, añoranza.

Hice todo lo posible
para ser una cama vacía
esperando sólo por ti
y unas manos amigas
y un puñado de besos robados al viento.

Hice casi lo imposible
para oírte en el silencio
y creer por un momento
que los faunos de la noche
regalaban tu mirada
a los dioses del infierno.

¡Qué envidia el aire que te arropa,
la cama que te acoja,
la mano que te estreche entre los brazos!
Y el pulso que me robas.
¡El tiempo que te regalo!
anclados en la esperanza.

Qué imposible en lo posible,
qué invento, qué misterio...
¿Qué abrazo nos negaran?

Hice lo que pude con el barro que nos dieron
y aunque nos duela admitirlo;
construimos nuestra casa una tarde de verano
preñada con esperanza.

LA CIUDAD DEL LIMO

Cada vez que tomamos un tren
rumbo a una ciudad,
otras se quedan esperando.

Cuando decimos no a alguien,
estamos dejando entrar
a otra persona o circunstancia.

El abrir una puerta
presupone que otras
quedaron sin cerrar.
Tomar una decisión nos dispensa
de otros tantos errores.

Cada paso implica
que dejaste una huella
y la huella —buena o mala—
dice de ti que allí estuviste.

Pero sólo las pisadas
que damos sobre el mar
anuncian que un día
anduvimos surcando sueños.

Todo impedimento,
toda contraprogramación es,
sin saberlo, una nueva lección
que aprenderemos en el hoy,
en el ahora, y para siempre.

Por tanto: si me he equivocado,
si he perdido mi tiempo;
no todo lo perdí.

Después de leer aquello,
te miré a los ojos con dulzura.
Preguntas el nombre del libro
que sostengo entre las manos:

«La ciudad del limo,
de autor desconocido,» respondí.

LA FELICIDAD QUE TRANSITA

Buscar la felicidad que nos eleva,
nunca la que nos acomoda.
Dejarse los ojos entre líneas de libros esquivos;
borrar las zanjas del pasado:
Olvidar el dolor, olvidar a quien lo causó.

Buscar una felicidad lúcida, nueva, iconoclasta;
que nos trascienda y nos atribuya
al hacernos sentir partícipes y plenos
de un mundo que quizás no nos comprenda.

Olvidar siempre; olvidar todo...
Respirar de nuevo y borrar del corazón
la ponzoña de un mal sueño.

Olvidar, olvidarte, olvidado....
Conjugo con gracia las fuerzas de la memoria
y me crezco en ella.
Rueda y conjuro permanentes.

¡Cantad al Universo!
Con la garganta mirando hacia las estrellas:
nuevos amores, nuevos universos,
muchas posibilidades venideras, vendrán.
Tú lo atraerás desde una óptica increíble.
Para entonces el dolor se habrá desvanecido.

Cuerpos nuevos que transitar con gozo
y la ternura que ignoraste ya pertenece a otros.
De nuevo: olvido, olvidar, olvidado.

Rueda de los muchachos, ciénagas del alma.
Buscar una felicidad que sea acaso: una cama caliente
en invierno, un hogar en reposo, unas manos amigas.
No el timón de tus mentiras
o los sapitos del asco de tu memoria.
No, lo absurdo que me diste.
Nunca el egoísmo transitado de tu empeño.

Por fin, encontrar la felicidad que nos eleva, mas nunca
la que nos acomoda.

PRONTO SE HACE TARDE

Si pudiera darte un minuto de mi vida
no lo haría.

Contigo aprendí que pronto se hace tarde.
Que tus besos son como simiente en tierra estéril.
No mojan porque nacen secos;
sin alma y —a lo peor—, sin presente.

El amor nunca crece si de raíz carece,
o se riega con el agua de una buena voluntad.
Sí, por ti aprendí que pronto se hace tarde.
El buen amor no pide; ofrece.

Pues, ¿cómo si no hurgamos en la hierba?
¿Cómo obtenemos el oro de la paja?
¿Cómo enhebramos el sedal en la aguja?
si ni siquiera el amor nos cerca.

Si pudiera darte un minuto de mi vida
no te lo daría.

Un minuto de mi vida no merece
el suplicio de tus mentiras.

HOLOGRAFÍA ACARICIABLE

¿A dónde te fuiste amor? ¿A dónde?
Si la aurora ya se ha dormido
y el urogallo no canta.

Si los besos no fueron besos,
sino píxeles de aire y humo eléctrico.
Y en un clic me traslado al otro lado del cristal.
Como en un cuento de Lewis Carroll,
me adormezco en la ponzoña de tu cuerpo,
ahora desnudo.

Apenas alcanzo a ver la perpendicular de tu sexo, como quien ve por ver primera su propio talento. Y tú que no sabes del mío, me ofreces en un suspiro: lúgubre mirada, amianto y deseo... y queman.

Te muestras con tal destreza que se diría de ti
que siempre fuiste un ángel.
Eres aéreo, eres magnífico.
Tú que lo sabes:
¿Qué haces en la soledad de mi alcoba
o acaso, en la penumbra de mi alma?

Eres cuerpo, mas detrás de todo cuerpo
un alma aguarda sola
con alas de piel que saben volar,
allí donde tú te derramas.

Y en un solo clic me enamoras el alma
y todo sobreviene entonces:
sal, sudor y palabras.

Un solo clic de mágica distancia,
piel y deseo que me engullen
como fiera desatada.

Eres el sol, eres un pájaro,
eres la miel que endulza la distancia.
Un canto que a gritos calla
y ama en silencio.

Y tú que lo sabes,
juegas conmigo como gato y ratón
y me devuelves la mirada
y me llevas al límite,
lugar donde nos dimos
el primer píxel en beso.

Eres miel que sabe a sal en la garganta,
océano que oxigena mi alma. Yo soy:
fuego y temblor y te sigo de cerca
a dónde sólo tú conoces.

Tu holografía se congela en mi pantalla.
Mi ordenador reclama orden y cordura.
El ratón eléctrico se apaga.

Sonido y aviso: «bip, bip, bip».
¡No eres tú! Es el portátil que se acaba:
«off battery» en dolor.
¿A dónde fuiste amor? ¿A dónde?
Si la aurora ya se ha dormido
y el urogallo no canta.

CAER DEL TIEMPO

Cuando se hundieron las formas puras
comprendí que me habían asesinado.

Cuando el metal cortó la carne fría,
un beso quemando de carótida y prodigio,
se hundió tenaz en mi garganta
como una mortaja de saliva.

Entendí entonces,
la delicia ignota
de un final distinto.

Y tú ya no estabas.
Apenas un haz de luz
parecido al deseo,
quedaba.

—Caer del tiempo;
sangrar el alma—.

La esperanza temprana,
adiestrada la palabra.
Verter entonces oro y mirada
en el cáliz húmedo de tu boca.
Pero tú...
tú ya no estabas.

Un abrazo y el asombro de un amarte
acaso se parecen.
—«Caer del tiempo;
sangrar el alma»—, repite el viento.

Pisadas...
telón lento.

Se dirá de ti que fuiste Epicuro;
de mí, un esclavo unido al mástil
de tus patrañas. Sin cítaras,
sin lírica: sin nada.

Pero de eso, del amor que sostuve,
nada supo el tiempo.
¡Caed!
Sí, de caer, del pasar...
de eso, no queda ya nada.

—Caer del tiempo;
sangrar el alma—.

Pasos fríos,
telón lento.

RECLAMANDO ALMAS

«Nunca el ayer del hombre será igual al mañana.
Nada nos permanece fiel mas que la mudanza.»

Juan Ramón Jiménez

Cuando tengas un minuto,
regálame un minuto de tu alma.
Cuando una hora te sobre,
ofréceme la eternidad en tu mirada.
Sin tiempo el amor no vale nada,
ni beso, ni abrazo:
ni el alma lo abarcan.

Mas, cuando el tiempo te sobre
me lo dirán tus ojos, como crisoles
o espejos de rítmica mirada.
Nada vale más la pena
que este esperar pausado,
sereno, cansado, de amor dilatado.

Falto de pasión tal vez,
mas nunca ausente de miradas.
La libertad se dice de muchas maneras.
El tiempo, como el amor en su fronda,
sólo sabe de esperas y aceras largas.

¿Caminas tú hacia el amor?
—«No, es él quien acude a mi llegada»—, indicas.
Impuntual —como siempre—,
inesperado y por supuesto:
reclamando almas.

LA PUERTA

Dejaremos que pasen lentos los momentos,
como plegarias ciegas y sordas para el cielo.
Sí, abriremos puertas, abriremos mares
o almas todavía por descubrir.

Verás: volverán antiguas cosas
fingiendo ser lo mismo.
Pero serán otros lo ojos,
otros los acentos
al pronunciar lo que nos falte.

Te daría todo si todo lo tuviera
aunque sólo amor me sobra.
Y por supuesto mucho, mucho rencor.

Sí, abriremos puertas, beberemos mares.
Por supuesto, mientras haya fuerza,
porque sobran ganas...

Quedarán las islas y los besos que no dimos
como palomas blancas surcando la distancia.

Sólo el último cerrará la puerta.

YO MONSTRUO MIO | Susy Shock

Yo, pobre mortal,
equidistante de todo.
Yo, D.N.I: 43.421.053C
Yo primer hijo del padre que nunca fui,
yo vieja alumna
de esta escuela de los suplicios.

Amazona de mi deseo,
yo, perra en celo de mi sueño rojo.
Yo, reivindico mi derecho a ser un monstruo:
ni varón, ni mujer,
ni XXL ni H2O.

Yo, monstruo de mi deseo:
carne de cada una de mis pinceladas,
lienzo azul de mi cuerpo;
pintora de mi andar.
No quiero más títulos que cargar.
No quiero más cargos, ni casilleros en donde encajar;
ni el nombre justo que me reserve ninguna Ciencia.

Yo, mariposa ajena a la modernidad,
a la postmodernidad
a la normalidad: oblicua, bizca,
silvestre o artesanal.

Poeta de la barbarie,
con el humus de mi cantar,
con el arco iris de mi cantar,
con mi aleteo;

reivindico mi derecho a ser un monstruo.
¡Y qué otros sean lo normal!
El Vaticano de lo normal,
el Credo de Dios y la vendita normalidad,
y los pastores y los rebaños de lo normal,
el Honorable Congreso de las leyes de lo normal:
el viejo Larousse de lo normal.

Yo sólo llevo las prendas de mis carencias,
el rostro de mi mirar,
el tacto de lo escuchado
y el gesto avispa de mi besar.

Y tendré una teta obscena,
colgando de la luna mas perra en mi cintura,
y el pene erecto de los guarritos alondra,
y 7 lunares, 77 lunares; qué digo:
777 lunares de mi endiablada señal del crear.

Mi bella monstruosidad,
mi ejercicio de inventora,
de ramera de las torcazas,
mi ser yo entre tanto parecido:
entre tanto domesticado.
Entre tanto metido «de los pelos» en algo.
¡Otro nuevo título que cargar...!
—¿Baño de damas o caballeros? —,
nuevos rincones para inventar.

Yo, transpirada...
mojada y nauseabunda,
germen de una aurora encantada:
la que no pide más permiso
y está rabiosa de luces mayas,
luces épicas,
luces parias...

Menstruales, Marlenes, bizarras:
sin Biblias
sin tablas
sin geografías
sin nada;
sólo mi derecho vital a ser un monstruo,
o como me llame
o como me salga
como me pueda el deseo
y la «fucking» ganas.

Mi derecho a explorarme, sí
a reinventarme,
y hacer de mi mutar
un noble ejercicio.

Veranearme.
Otoñarme.
Invernarme:

las hormonas
las ideas
las cachas

y toda el alma...

¡Amén!

PALABRA DE AQUELARRE

Talismán.
Comunicación corporal.
Expresión corporal.
Amor es igual a dolor.
Experiencia trascendental.
Semen, rosas, sangre.
No juicio.

Frase: «mantra escrito en sangre».
La sábana blanca: habitación vaginal.
¿Violencia es amor?
Fluidos.
Puritanos del alma.
Amor como residuo de la sociedad.
El dolor canaliza el trance de amar.

La «performance» es directa: interpela.
La sangre escrita en un pacto bíblico.
Amar es un pacto de sangre.
La intimidad del cuerpo.
La rosa es símbolo de amor,
pureza, pasión: es dolor que regenera.

Desnudez y honestidad.
La sangre es fuerza de vida; nos une.
¿Desfallecimiento o trascendencia?
Caminar sobre rosas y espinas.

La salida es la resiliencia.
La canción es ternura... ensimisma,

— ¿Superar es justificar? —

El arte apela al inconsciente.
No juicio.
Fin.

INCIERTA GLORIA

Que la vida iba en serio
era algo que aprendí con el tiempo.
No muy tarde, por entonces,
supe que el amor es efímero,
fútil y quebradizo y, por ende,
necesario a la existencia.

Que aporta límite, sentido,
dando forma al deseo
dentro del caos que nos habita.

A la hora de dormir el hombre
olvida los actos cotidianos.
Un silencio profundo nos adormece
en la cómoda ponzoña del ensueño.

Cada noche la persistente dualidad
es el eco que nos embriaga
con presagios inconfesables.

¿Cómo ser yo y los demás a un tiempo?
¿Cómo despojar cada noche mi Ser,
sin sumergirme en ti — ¡alma mía, duda mía! —
y carne aterida, aurora de mi promesa?

Al día siguiente,
al despertar en perfecta rutina
al son del cepillo de dientes,
el jabón y sonido de cafetera,
ducha rápida y música clásica;
todo se recompone de nuevo
en extraño ditirambo de rutina.

Todos los días en todas las ciudades
se levantan los muertos de sus féretros
y se visten con los trajes fabricados a medida...
Es el arte del matutino disimulo.
Soportamos renuncias, sin más.
En eso todos nos parecemos.

Te jode saberlo, lo niegas y claro;
culpa mía por decirlo.
—«Y encima vas y lo cuentas»—, recriminas.
Primero me coloco el yo,
enderezo la sonrisa ante el espejo.
Aliño mi escaso pelo.
Me perfumo y lustro los zapatos.

Olvido quien he sido entre los sueños:
que fui vampiro o asesino,
indigente o magnate,
que podía volar y fornicar
bajo las aguas con tu cuerpo
y copular con la salvación;
mientras tu amor me esperaba
impertérrito detrás de algún huido suspiro.

Que la vida iba en serio,
era algo que luego de mayor,
no tardé en comprender.
Que el amor se marchita
y pretendemos mil cuerpos,
buscando aquel beso de primerísima vez.

Que se van los difuntos a no sé dónde,
que los amigos se mudan de barrio
y tu cuerpo se transforma al son de las arrugas
que adornan un rostro ya cansado.
Confieso que he vivido, amigo Neruda.
Y confieso que no quiero ser cenizo.
Amo esta vida al igual que a los sueños
que sustenta.

— ¿Recuerdas? —, pregunto.

A lo lejos nosotros, muy cerca nosotros también,
y el Atlántico era un charquito de tristeza
todavía por cruzar. —«Eso fue un sueño»—, dijiste.

En globo yo llegaba a recogerte
para llevarte al Polo Norte,
donde hacía calor más que frío.
Tu enigmático apellido resonaba en mi mente
y como duendes felices al besarnos,
llorábamos de alegría. Eso fue todo...

Que la vida iba en serio,
lo supe cuando enterré a los muertos,
amigos fallecidos, seres amados y lo peor:
al infante que habitamos.

El pasado es un incierto futuro ahora.
Ya conoces la profecía:
El suelo que pisamos se quiebra en mil pedazos.
Por eso, al cielo yo aclamo.

EGOS REVUELTOS

He podido verte otra vez entrando en una fiesta sin ser invitado. Claro, nadie recayó en ese pequeño detalle. Entras con paso firme y regalas a todos los salvoconductos de tu idolatría. Como si con tu presencia nos dieras a todos una carta de ciudadanía. Me hiciste reír de tal manera que apenas dos lagrimillas de líquido —seguramente salado— resbalaron por entre la comisura de mis atónitos ojos.

He podido ver tu ego de nuevo envuelto en orgullo indemne, intocable y por supuesto: irreverente. Así son las trampas que inventas y el muro que construyes vehementemente y te aísla del peso de tu conciencia, mas no de tu fracaso.

Vaqueros a la última, barba estudiadamente descuidada, perfiladas mechas de arrogante engreído y cabellera un tanto anclada en los ochenta.
No dabas a basto al mirarte en todos los espejos. Con desespero compruebas que tu imagen ya no se refleja en ningún espejo. Los espejos sólo reflejan la imagen auténtica de quienes la poseen. No así, la de los vampiros, los muertos o los ególatras usurpadores y necesitados

de audiencia: de falsa ambición. Tardarás bastante en entenderlo y yo, no te sacaré de dudas. Por si acaso, me limito al examen y al silencio.

Egos revueltos, egos sublimados, cuerpos bellos: esculturales y vacíos de alma. Bellos hombres de bellas sonrisas, apretones de mano, falsos abrazos, y mucha, mucha cordialidad al uso. ¡Sospecha lícita en toda fiesta de sonámbulos y modernos!

¡Egos, egos revueltos! Probablemente llenas están las ciudades y los cementerios también de singulares e insignes seres con almas frías y hambrientas.
«Quien sólo vive para él, quién no vive para servir; no sirve para vivir», decía a menudo mi madre. Así lo dijo antes de morir. Cundió su ejemplo en mí, —quizás no todo lo que ella hubiera esperado—. Allí, una voz dentro, heredada de siglos, me susurra al oído: ¡Egos revueltos! ¡Egos revueltos!

Cuánta desdicha, cuánto disimulo y deleite, autosatisfacción sintética, plástica, falta de auténtica realidad. En su lugar lo llenamos todo con ese vulgar «usar y tirar», «usar al reír», «reír para usar» y a poder ser: ego, siempre un gran y formidable ego revuelto de indiferencia.

Creo que el alcohol se me subió a la cabeza, pienso en voz alta. «¿Los egos se pagan?», preguntas. «A buen precio», respondo.

Escrutas con mirada de lince los personajes de la fiesta en la que tú, «Don Ego» de la noche, ni tan sólo fuiste invitado.
Pero eso, carece de importancia ahora. Todos lo sospechan, mas no lo apuntan o aseveran, indiferentes a su vez.

Todos se manejan bien en este plasma nocturno, envueltos en la plástica febrilidad de sus egos, eso sí: bien revueltos y algo indolentes... como jugando al disimulo. Y sufren; lo saben, y tapan el vacío con un manto de alcohol, droga y ritmo cuatro por cuatro.

El ego mal entendido dista mucho de ser verdadera autoestima. Es un refrito en la sartén de nuestras vanidades, cocina cósmica a fuego lento que a veces dura toda una vida. Una apropiación indebida y por supuesto, síntoma de irreverente miopía y evidente complejo de inferioridad. Es muy difícil apartarse del propio ego, y aún más, si éste se manifiesta revuelto con otros.

La fiesta concluyó con mucha música, mucho alcohol, besos, abrazos y otras amenidades y sustancias de blanco color que confunden la puerta de entrada con: «PUERTA DE SALIDA», como indica el cartel del local. Hora de cerrar, sueño y rock & roll.

Por suerte el bus nocturno nos condujo hasta mi casa. Paró en aquel justo momento, donde mi ego, como un chicle a pie pegado, aconseja mi marcha urgente. Aterricé en mi cama —tú me acompañas—. Sin saber ni cómo, horrorizado y casi en sueños, recostado en la almohada escribí este texto que, a pesar de todo, abomina de la mojigatería.

«¿El ego se paga?», preguntas. «Todo a su tiempo», respondo. Te abrazo, el sueño venció toda lógica. Del ego de aquella noche ya ni me acuerdo. Abrazo, sueño y edredón. Es invierno, también en el corazón.

EL MAR | a Pablo Neruda

Escucha como el viento me llama galopando
para llevarme lejos.
Deja que todo pase, que todo sea,
mientras yo, bajo los grandes ojos de la noche,
pura levedad efímera;
descanso en suspiro el tacto que nos templa.

No es cierto que olvidé el amor oscuro,
o el roce perfecto de la fugacidad.
El amor es del mar (a veces).
Pasa y se lleva al menos cinco cosas,
cinco acentos, cinco temores todavía.

La primera es un beso fugaz, beso de primerísima vez. Lo segundo, un suspiro acompañado de un leve escalofrío. Un rayo que atraviesa la razón es lo tercero. Lo cuarto son tus ojos, azules y perfectos como dos horizontes callados.
La quinta cosa es aquella que me impulsa a escribir y reside en mi pecho.

El amor de los marineros es fugaz,
ya otros lo cantaron.
Del primero al último,
del más elegante al ultramoderno,
los poetas amaron la fugacidad,
y la expresaron con tinta derramada.

En ese pasar, se gesta la suerte
de una verdad chiquita:
redonda, sinuosa y huérfana
que alimenta todo presente.

Los marinemos besan y se van.
Duermen con el mar un día;
al día siguiente,
templan su ansia de ignorante leopardo.
Todos lo cantaron,
todos sin excepción lo nombraron.

Basta ser y no ser para invocar su presencia,
ellos son la mismísima fugacidad:
llegan, besan y se van.

Su estela indica el camino que no seguiré,
la ruta sin mapa,
el azúcar sin amor.

Ellos llegan, besan y se van.
Son del mar y regresan a la manada.

EL QUICIO DE MI VIDA

Yo no me escondo de los días grises
o las noches sin estrellas.
No me escondo del miedo a amar,
de besar y tocar, del miedo a entregar.

El amor es sagrado y por ello
nos consagra a estar perdidamente enamorados.
Enanos intelectuales no lo entienden.
¡Pobres idiotas!

Tener miedo dignifica.
Perder no es lo peor, lo peor es,
no haber amado,
no haber entregado quien fuimos
y, por ende, no saber qué dar la próxima vez
que el amor visite el quicio de nuestra vida.

Yo no me escondo debajo de una antigua fe.
No guardo luto estricto al vacío.
No mezclo el azar con el miedo.
Solamente, dejar ir.
¡Partir o soltar qué difícil será!

No me escondo del amor,
del terror, del afán y los abrazos.
De estrechar entre mis brazos
mis peores pesadillas.

No, hoy ya no me escondo.

INFINITO PARTICULAR

—Suite primera—

Oigo tu voz como un remoto temblor
y mi alma se templa cual pulso imposible,
al vislumbrar la sobra de tu azar.

Sólo tú, solamente en soledad viniste.
Elocuente y siniestro,
retuerces mi suerte de mero mortal
con el ímpetu de tu misericordia,
con ingenio y torpe idolatría.

No persigas más ese tiempo:
tibio, cruel, fugaz...
Mas, no es en la vida
donde se curten los sueños,
sino en el mar de un amor,
o en la isla sin tesoro de tu aurora.

Adoleces de mí, igual que de ti yo.

Duele tu ausencia,
aun cuando todavía no te has marchado.
Cuando todavía,
es demasiado pronto para olvidar.
Cuando pensar duele,
y sentir dignifica.

Tú eres aquél que yo esperaba una tarde aciaga.
Tú, infinito particular, sin tiempo y sin nombre.

Apenas me nombras y se quiebra mi luz.

INFINITO PARTICULAR

—Suite segunda—

La noche que tiembla en tu pecho,
el sol que emana de entre tus muslos
y tu voz, como un susurro de ronco suspiro,
arañan mis esperanzas y ofrece caprichos recientes
a la memoria.

Sé que un día tú te irás.
Tú, mi infinito particular.
Mi ladrón de tiempo,
mi paño de lágrimas,
la miel más deseada.
Otra vez sólo...
—pensaba en ti—.

Fortaleces todos mis resortes
con el fulgor de tus promesas.
Apenas pronuncias una palabra
y resumes mi mundo en un mundo de azares.

Mientras, esperas que te crea
que juzgue tu destino
que devuelva mis promesas.

En el amor nadie se salva
mas, todo se consume con empeño.
(reza en el refranero).

INFINITO PARTICULAR

—Suite tercera—

Nadie cruza tu sueño todavía.
Nadie habita en tu espalda de amplios abrazos.
Nadie sino yo, templado, huidizo, constante.

Y continúo mi viaje a través de ti
y tú a través de mí, más allá del mar y la rutina.
Los días que nos miran sonrientes.
La muerte saca brillo a su guadaña,
sabiendo que algún día, suyo será el triunfo.

El amor infinito que siento
se templa y se empaña en lágrimas,
no menos que en alegrías.

Infinito particular, ese que representas.
Tú eres, ese infinito mío tan particular.

EL OPROBIO Y OTROS PLACERES

Soy un anfibio amanerado
un Decamerón con pluma y nardos.
Me acicalo todos los días ante el espejo
y busco una entraña tierna donde descansar.

Sí, he perdido mi tiempo
en los sótanos más turbios,
rondando las cabañas del oprobio
confrontando lo ofensivo.
— ¿Cómo si no, iba a regalar estos versos? —.

Destilo la sangre de lo que escribo.
Tu ofensa no me llega porque
—contra toda programación—,
sigo siendo inocente, tierno, bello
y un tanto arrogante. ¡Ya lo ves!
La piedra lanzada no alcanzó mi tejado.
Soy del mar, decadente, tozudo y núbil:

Es decir, todo lo que tú nunca serás.

OPÚSCULO

He dejado las nubes, los anuncios y los pronósticos para los tristes convictos. Televisivos personajes matutinos me inflaman los ojos y, por si acaso, se perpetúan en los medios más diversos, más allá de todo pronóstico.

Rompo las ondas de mi radio sonora, me fumo el humo de los anuncios publicitarios, mientras espero que el mundo se inunde aún más en estupor.

Hoy ya he llorado dos veces, no de mera tristeza o por debilidad sino de pura humanidad. Intento enmendar el sendero que me devuelva hacia mí mismo. Allí donde perdí mi rastro, distraído y sin brújulas. Alazo los ojos ante el abismo que me acoge y al que llaman sociedad.

¡Menuda mierda!

Sonrisa interior. Sigo el dictado de mis pensamientos que saltan de lado a lado de mi mente sin dirección precisa. Al llegar a la esquina veo de repente como un joven y un hombre anciano se dan la mano.

Vuelvo a sonreír, secretamente.

Todo hoy es asombro y duda. Todo me satisface no menos que me defrauda. Ya se sabe, es uno de esos días en los que me miro de reojo en los espejos.

Yo y yo... y luego yo, sin más.
Atravieso semáforos en rojo, me aventuro a subir a los campanarios de mi ciudad o me acomodo en silencio en las bibliotecas, donde ya, ni siquiera los ratones se aventuran.

Hoy he cogido aquel atajo que tu mirada me enseño. El recuerdo no ayuda mucho aunque alimenta.
Me llama un amigo y mi móvil tiembla: «¿Cómo? ¿Planes de fin de semana?» Asiento sin haber entendido bien dónde ni cuándo.

Sigo caminando y un muchacho me mira de reojo por entre los esqueletos metálicos del «bicing». No quedan bicicletas enteras. Todas funcionan mal, y sin inmutarme, decido bajar a pie la calle de mi barrio.

Sí, he dejado las nubes de mi ilusión para otro momento más inspirado en el que el sol sea sólo luz y nadie más interfiera mi interior rutina.

El mundo va; yo voy. Todo está bien. Descansa.

Repito este mantra hasta la saciedad, no por ello será más verdadero. Pienso que si he perdido mi tiempo, no todo lo perdí.

Me quedan la luz y un descanso sin bruma.

ME ESPERA LA GLORIA

Qué el amor nos sepa a gloria,
la esperanza a ilusión.
La vida sea un camino recto,
y de haberlas, las curvas,
sean sorteadas con gracias y coraje,
con fuerza e ilusión.

¡Qué la gloria nos es eterna!,
el abrazo largo y profundo,
ruidoso y sincero.

La mano que nos sostenga firme,
el beso suave y húmedo,
el sexo digno, intenso y placentero.
Una paz tranquila también reclamo.

¡Qué el amor nos sepa a gloria!,
Que nos dieron un regalo envuelto
en el papel de celofán de nuestra ambición.
Por ello, suelta lo negro.
¡No seas cenizo! ¡No seas tramposa!
¡Qué el amor nos sea eterno!,
la amistad duradera,
la pena corta:
el abrazo sincero.

Pasó de mala ponzoña
de quimeras, de pretextos
de mentiras y broncas.
¡Ahí te quedas año viejo!

Adiós antigua vida,
me espera la gloria.